Freiheitsstrafe, Deportation

und

Unschädlichmachung.

Ein Wort zur Verständigung

von

Dr. **Reinhard Frank**,
Professor der Rechte in Giessen.

Giessen
J. Ricker'sche Buchhandlung
1895.

Sonderabdruck aus den Jahrbüchern für Kriminalpolitik und innere Mission
I. Band. 1895.

Inhaltsangabe
des I. Bandes der Jahrb. f. Kriminalpolitik u. innere Mission.

Freiheitsstrafe, Deportation und Unschädlichmachung.

Von Dr. **Reinhard Frank,** Professor der Rechte in Giefsen.[1])

I.

Im Jahre 1879 war es, als Mittelstädts Schrift gegen die Freiheitsstrafen eine scharfe Kritik an dem herrschenden Strafensystem übte und die kriminalpolitische Bewegung aus ihren alten Geleisen in neue Bahnen lenkte. Teils auf seinen Schultern stehend, teils durch ganz neue Gesichtspunkte bestimmt, heute mit naturwissenschaftlichem Apparat arbeitend, morgen mit den Waffen der „Soziologie" kämpfend, haben andere Männer andere Wege eingeschlagen, andere Horizonte eröffnet: immer aber wird in der Geschichte der deutschen Kriminalpolitik Mittelstädts Auftreten einen Wendepunkt bezeichnen, dessen Bedeutung sich nicht in der Bekämpfung der zeitigen Freiheitsstrafe erschöpft, sondern vor allem in dem Übergang von doktrinärer Humanität zu praktischer Strenge, von akademischer Abstraktion zu nüchterner Beurteilung der Thatsachen zu suchen ist. Doch wie mächtig auch die ins Rollen gebrachte Reformbewegung anschwoll, wie lawinenartig sie auch die breite Heerstrafse der Praxis und Gesetzgebung gefährdete, zu einer wirklichen Verletzung ist es bis jetzt noch nicht gekommen. Ob der Angriff fehlgeschlagen, der Ansturm über die Strafse hinweggebraust, sie selbst aber unversehrt geblieben ist, oder ob er sie dermaleinst doch noch treffen wird — wer vermag das zu sagen? Gewifs ist, dafs bis jetzt trotz aller literarischen Thätigkeit und aller Kongressbeschlüsse die moderne Reformbewegung noch keine praktischen Erfolge zu verzeichnen

---

[1]) Vortrag gehalten auf der Jahresversammlung der Gefängnis-Gesellschaft für die Provinz Sachsen und das Herzogtum Anhalt am 27. Juni 1894.

hat. Nach wie vor machen Gesetzgebung und Praxis von der zeitigen Freiheitsstrafe den ausgedehntesten Gebrauch, nach wie vor wird die Frage, ob dieses Strafmittel nicht an irgend welchem Punkte vor der Individualität des Verbrechers Halt machen und durch andere ersetzt werden müsse, wenn auch nicht ausdrücklich, so doch thatsächlich verneint. Eben diese Frage aber ist es, die ich im folgenden auf Wunsch des Vorstandes der sächsischen Gefängnisgesellschaft behandeln möchte.

Fragt man, weshalb die kriminalistische Reformbewegung zu keinem Ergebnisse geführt hat, so liegt die Erklärung grofsenteils in dem Umstande, dafs man den Schlachtruf der Prinzipien zu laut ertrönen läfst, praktische Fragen nicht im einzelnen, sondern prinzipiell, d. h. theoretisch zu lösen unternimmt. Es war meiner innersten Ueberzeugung nach verhängnisvoll, dafs die Männer, die sich durch Aufdeckung der Fehler in unserm Strafensystem als hervorragende Praktiker bewährten, ihre Reformvorschläge vom Standpunkte einer bestimmten theoretischen Grundanschauung aus machten. Wie oft ist — nicht nur im Schoofse der internationalen kriminalistischen Vereinigung, sondern auch auf den Kongressen der Gefängnisgesellschaften — gesagt worden, dafs das einzige Heil in dem Verlassen der absoluten Vergeltungs- und Sühnetheorie und in dem Übergang zu einer entschieden relativen Auffassung vom Wesen der Strafe zu finden sei! Erreichte man dadurch eine gewisse logische Geschlossenheit des Systems, so machte man doch alle die mifstrauisch, ja allmählich zu Gegnern, die den Standpunkt der absoluten Theorieen vertreten. Selbst die mafsgebenden Faktoren der Gesetzgebung mochten schliefslich glauben, man mute ihnen zu, mit einem Machtspruche das Problem des Determinismus und des Indeterminismus zu lösen, und so kam es, dafs gewisse Reformvorschläge, denen man vom rein praktischen Standpunkte aus ohne weiteres zugestimmt hätte, als Ausflüsse einer verkehrten Grundanschauung verworfen wurden.[1])

Um diesen taktischen Fehler zu vermeiden, bemerke

[1]) Auch Bennecke spricht sich in den Verhandlungen der 15. General-Versammlung des Gefängnisvereins für Schlesien und Posen, S. 19 in ähnlichem Sinne gegen die übertriebene Neigung zum Theoretisieren aus.

ich im voraus, dafs die Gesichtspunkte der Abschreckung und der Besserung als Inhalt der Strafe sowohl für die Anhänger der absoluten wie der relativen Theorieen vorhanden sind. Nicht darin liegt der Gegensatz begründet, dafs der Absolutist straft, weil in der Vergangenheit delinquiert wurde, der Relativist, damit in Zukunft nicht mehr delinquiert werde, sondern darin, dafs der Absolutist eine Gleichung zwischen Verbrechen und Strafe herstellen, eine dem Verbrechen gemäfse Strafe finden will, während der Relativist konsequenterweise überall und ohne Rücksicht auf die Schwere des Verbrechens so lange strafen mufs, bis der Zweck der Abschreckung oder der Besserung erreicht ist. Hat aber einmal der Absolutist jene Gleichung zwischen Verbrechen und Strafe hergestellt, hat er eine gewisse Strafe einem gewissen Verbrechen als angemessen bezeichnet, so mufs er der Strafe einen Inhalt geben, und dieser kann kein anderer sein als Abschreckung oder Besserung.

Aus dem Gesagten ergiebt sich, dafs die Anhänger der absoluten Theorieen ohne den Strafinhalt und den damit von selbst gegebenen Strafzweck nicht auskommen können. Ebensowenig aber vermögen ihre Gegner die Bezugnahme auf das Verbrechen zu entbehren. Der Relativist — wenigstens der älteren Schlags — will doch auch nur bestrafen, nachdem ein Verbrechen begangen ist und doch auch nur die an der Begehung beteiligten Personen. Die überkommene Gegenüberstellung des quia peccatum est und des ne peccetur ist somit leer und nichtssagend.[1])

Fafst man den Gegensatz in der üblichen Weise, so ist es nur konsequent, wenn einige Relativisten neueren Schlags die Begehung des Verbrechens am liebsten gar nicht mehr abwarten und schon vorher Mafsregeln ergreifen möchten, die zwar nicht mehr „Strafe“ sein können, aber doch in-

[1]) Dies wird mehr und mehr anerkannt. S. v. Liszt: i. d. Ztschr. f. d. gesamte Strafrechtswissenschaft III S. 44, 45, Merkel, Lehrbuch des deutschen Strafrechts S. 189. Der im Text vertretenen Auffassung des Gegensatzes steht nicht allzufern Binding i. Grundriss des gem. deutsch. Strafrechts S. 131 ff.

haltlich mit ihr zusammenfallen. Gegen die anthropologischen Vertreter dieser Richtung s. u. a. den vortrefflichen Aufsatz von Rieger in der Beilage der Münchener Allgem. Ztg. 1894, Nr. 142/43. Aber auch sonst wird der übertriebenen Betonung der Prävention stets die Schwäche des menschlichen Erkenntnisvermögens entgegenzuhalten sein. Wohin es führt, wenn man den Behörden das Recht giebt, jemanden auf Grund seiner körperlichen Eigentümlichkeiten oder seines Charakters oder seines Gebahrens als „verbrecherische Potenz“ zu behandeln, das zeigen die Verhältnisse in Rufsland, selbst wenn die Schilderungen Kennans noch so übertrieben sein sollten.

Der Kampf zwischen absoluter und relativer Anschauung giebt der kriminalpolitischen Bewegung im 18. Jahrhundert ebenso ihr eigentümliches Gepräge wie der gegenwärtigen. Wenn man vielfach geneigt ist, beide Bewegungen durchaus gleichzustellen, so übersieht man jedoch in ganz ungehöriger Weise die Position der Kämpfenden. Allerdings war damals wie jetzt der Kurs des Individuums im Steigen begriffen, allerdings bemafs man dort wie hier den Wert der Strafmittel nach ihrer sozialen Nützlichkeit. Aber — und das wird immer übersehen — damals ging der Vorstofs von der absoluten, jetzt geht er von der relativen Richtung aus. Damals strebte man nach einer dem Verbrechen gemäfsen Strafe und somit nach Einschränkung des richterlichen Ermessens, heute will man die Strafe der Person des Verbrechers anpassen und somit das Ermessen des Richters oder gar das der Gefängnisbeamten ausdehnen. Vielleicht klingt es wie eine Beleidigung, wenn man den Utopisten der Gegenwart das alte „Richten auf Leumund“ entgegenhält, und doch drängt sich die Erinnerung hieran bei mancher modernen Lektüre unwillkürlich auf.[1])

Sicher ist, dafs der Gegensatz zwischer absoluter und

[1]) Die vorstehenden Ausführungen waren bereits niedergeschrieben, als mir das Buch von Richard Schmidt, Die Aufgaben der Strafrechtspflege (Leipzig 1895) in die Hände kam. Um so wertvoller war es mir, dafs der Verf. an den verschiedensten Stellen den historischen Entwicklungsgang in völlig gleicher Weise würdigt.

relativer Auffassung nicht nur besteht, sondern auch greifbare praktische Folgerungen nach sich zieht; sobald es sich aber um die praktische Frage nach dem Inhalte der Strafe dreht, zeigen die Wegweiser der theoretischen Gegner nach derselben Richtung.

Wenn hier die Abschreckung als Inhalt der Strafe bezeichnet wird, so bedeutet das nichts weiter, als daſs die Strafe ein Übel, ein Leiden für den Sträfling sein soll. Ist sie dies, so besitzt sie damit ohne weiteres motivierende Kraft, das heiſst: eine Strafe, die für den Sträfling ein Leiden bedeutet, braucht nicht in krass sinnfälliger Weise, insbesondere nicht öffentlich vollstreckt zu werden, ihre Eigenschaft als Leiden erzeugt ohne weiteres in dem Sträfling eine Gegenwirkung gegen die Anreize zu neuen Verbrechen. Dafür aber, daſs auch dritte Personen eine Vorstellung von dem Strafleiden bekommen und daſs diese Vorstellung auch für sie die Bedeutung eines kontrastierenden Motivs erlangt, ist schon durch die Verhältnisse, ist namentlich durch die modernen Verkehrsmittel gesorgt.

In dem hier vertretenen Sinne ist aber die Abschreckung ein notwendiger Inhalt und damit auch ein notwendiger Zweck jeder Strafe. Eine Strafe, die nicht als ein Leiden empfunden wird, verdient ihren Namen nicht mehr. Wie immer man über die von Elmira ausgehenden Bestrebungen denken mag: der Vorwurf trifft sie immer, daſs bei ihrer Durchführung die groſse Mehrzahl der Verbrecher nicht bestraft, sondern durch gute Erziehung, ja wissenschaftliche Bildung geradezu prämiiert wird.[1])

---

[1]) Über Elmira s. besonders Winter, die New-Yorker staatliche Besserungsanstalt zu Elmira. Berlin 1890.

Eine amüsante Travestie der dortigen Verhältnisse giebt Nekebēn, Ein Vorblick auf das Jahr 2000 oder ein Tag in einer Strafanstalt des XXI. Jahrhunderts. Breslau 1891. — Sehr wertvoll für meine Kritik Elmiras war mir eine mündliche Mitteilung des Kollegen Essipoff in Warschau. Wie mir dieser Herr sagte, besteht bei Warschau eine Besserungsanstalt, deren Prinzipien an die von Elmira zum mindesten stark erinnern. Die polnischen Bauern benutzen nun die Anstalt häufig in der Art, daſs sie ihre Kinder zum Stehlen anhalten, weil sie wissen, daſs ihnen dann eine vortreffliche Erziehung zu teil wird. Nichts natürlicher als das! Sobald die Strafe eine Besserung der sozialen Lage des Individuums bedeutet, wirkt sie als Anreiz zum Verbrechen.

Im Gegensatz zur Abschreckung ist die Besserung im Sinne einer Erweckung ethischer Motive keineswegs ein notwendiger Inhalt jeder Strafe. Sie ist ein accessorisches Moment, das man in die Strafe zweckmäfsigerweise aufnehmen soll, dessen Fernbleiben aber ihrem Wesen keinen Eintrag thut.[1]) Strafe ohne Abschreckung ist ein Widerspruch in sich selbst, Strafe ohne Besserung nicht.

Hiernach kann die Frage, ob die Freiheitsstrafe für einen Teil unserer Verbrecher nicht pafst, im allgemeinen dahin beantwortet werden:

> Die Freiheitsstafe ist für diejenigen Verbrecher ungeeignet, auf die sie nicht abschreckend wirkt, für die sie mit andern Worten kein Leiden bedeutet.

Dieser Satz aber bedarf einer näheren Erläuterung. Abschreckend wirken kann die Strafe nicht allein durch die Art und Weise ihres Vollzugs, sondern auch durch die mit ihr verbundene Vorstellung der Schande. Diesen psychischen Faktor hat man bei der Agitation gegen die kurzzeitige Freiheitsstrafe vielfach aufser Acht gelassen. Die moralische Depression, die verminderte Wertschätzung von Seiten der Genossen können selbst dann noch die Bedeutung eines Leidens haben, wenn diese dem Strafvollzuge fehlt. Damit rechtfertige ich den Satz:

> Die zeitige Freiheitsstrafe ist ungeeignet für solche Individuen, auf die sie weder durch die Art und Weise ihres Vollzugs noch durch die mit ihr verbundene Schande abschreckend wirkt.

Aber hierin ist der Kreis der Personen, um die es sich handelt, noch nicht erschöpft. Es kann sein, dafs eine Strafe allen bis jetzt erwähnten Erfordernissen entspricht und doch für ein bestimmtes Individuum aus einem andern Grunde ungeeignet ist. Als solcher kommt bei der Freiheitsstrafe namentlich die Schwächung der Widerstandsfähigkeit

---

[1]) So auch Lammasch, i. d. Ztschr. f. d. gesamte Strafrechtswissenschaft, IX, S. 430.

gegen verbrecherische Einflüsse in Betracht. Diese Schwächung aber kann eintreten:

1. dadurch, daſs der Sträfling einer verschlechternden Einwirkung durch Mitgefangene ausgesetzt und
2. dadurch, daſs er durch den Aufenthalt in der Strafanstalt abgestumpft und dem realen Leben entfremdet wird.

Der erste dieser beiden Gesichtspunkte erfreut sich allmeiner Anerkennung. Daſs namentlich die kleineren Gefängnisse mit ihrer kaum vermeidbaren unbeaufsichtigten Kollektivhaft zu einer Schule des Verbrechens werden, gehört gegenwärtig zu den trivialsten Wahrheiten. Nur selten aber — neuerdings jedoch mit voller Entschiedenheit von Bruck[1]) — wird auf die Gefahr der Abstumpfung hingewiesen, die namentlich im Gefolge langjähriger Freiheitsstrafe eintritt. Und doch ist es eine durch die Erfahrung bestätigte und theoretisch leicht begreifbare Wahrheit, daſs der Mensch, der jahrelang hinter Gefängnismauern gelebt, der nur mit seinem Wärter, seinen Mitgefangenen, dem Anstaltsgeistlichen und hier und da mit dem Direktor verkehrt hat, sich in dem wirklichen Leben nicht mehr zurechtzufinden weiſs. Dazu kommt, daſs man dem entlassenen Sträfling mit Miſstrauen begegnet, und die Folge von alledem ist nur zu häufig der Rückfall in das Verbrechen.

II.

Giebt man zu, daſs die Freiheitsstrafe ungeeignet sein kann, sei es, weil sie kein Leiden für den Verbrecher in sich schlieſst, sei es, weil sie schädliche Einflüsse auf seinen Charakter äuſsert, so ist man sogleich zu der Frage geneigt: was soll an ihre Stelle treten? Ob diese Fragestellung richtig ist, steht indessen solange dahin, als nicht die Möglichkeit einer Reform der Freiheitsstrafe ausgeschlossen ist.

Nach meiner tiefsten Überzeugung ist aber eine Reform der Freiheitsstrafe abhängig von ihrer Einschränkung. Dies aus einem doppelten Grunde: erstens weil das Gefühl für die Schande der Freiheitsstrafe nur dann lebendig gehalten

---

[1]) Fort mit den Zuchthäusern, Breslau 1894.

werden kann, wenn sie in wesentlich geringerem Umfange verhängt wird als seither, zweitens deshalb, weil die gegenwärtige Überfüllung der Strafanstalten die Kollektivhaft unvermeidbar macht und weil diese mit all ihren schädlichen Wirkungen erst mit der Freiheitsstrafe selbst zurücktreten wird.

In der That sorgt der moderne Staat mit voller Kraft dafür, daſs die Freiheitsstrafe nicht mehr als Schande empfunden werde. Er treibt den unverantwortlichsten, ihn selbst am meisten schädigenden Raubbau, indem er sie unterschiedslos auf moralisch verwerfliche und moralisch indifferente Handlungen anwendet und so das Rechtsbewuſstsein im Volke, das ein hundertmal festeres fundamentum regnorum ist als die Justiz, in Grund und Boden vergiftet. Es giebt kaum etwas verderblicheres als den modernen Aberglauben, daſs die Strafe die Panazee für alle Gebrechen des sozialen Lebens sei, seine verderblichste Form aber erlangt dieser Aberglauben dann, wenn er die für das moralische Bewuſstsein unumgängliche Differenzierung innerhalb der Strafarten verwischt.[1]) Voltaire hat einmal vor über hundert Jahren gesagt: Wollt ihr gute Gesetze, so verbrennt die alten — und wahrhaftig heute würde er sagen: Wollt ihr eine Reform der Strafrechtspflege, so beginnt damit, daſs ihr mindestens die Hälfte eurer Strafbestimmungen ins Feuer werft!

Es würde den Zielpunkt meiner Untersuchungen beeinträchtigen, wollte ich auf die zahlreichen ins Auge gefaſsten Ersatzmittel der kurzzeitigen Freiheitsstrafen näher eingehen. Richtig erscheint es mir nur, den Ersatz zunächst nicht in mehr oder weniger prekären neuen Strafmitteln, sondern in gehöriger Ausbildung der bereits vorhandenen, namentlich der Geldstrafe, zu suchen. Daran aber ist unter allen Umständen festzuhalten, daſs da wo die Freiheitsstrafe angewendet wird sie auch die Bedeutung eines Leidens für den Sträfling haben muſs.

Es ist nun anerkannt, daſs dies für die kurzzeitige Freiheitsstrafe vielfach nicht zutrifft. Die von der Hand in den Mund lebende Bevölkerung findet die Verhältnisse im

[1]) In gleichem Sinne besonders Krohne, Lehrb. d. Gefängniswesens, Berlin 1889, S. 232.

Gefängnis nicht schlechter, ja vielfach besser als aufserhalb, und was etwa das Leben in der sogenannten Freiheit mehr bietet, das ersetzt das Gefängnis reichlich dadurch, dafs es für einige Zeit keine Sorge um das tägliche Brot aufkommen läfst. Ob aber die mit der Freiheitsentziehung verbundene Schande von dem Sträfling als solche empfunden wird, das vermag der Richter nur sehr unvollkommen zu erkennen. Jedenfalls mufs er ein Mittel an der Hand haben, um der Strafe die abschreckende Kraft zu sichern. Diese Mittel aber sind gegeben durch eine andere Art des Strafvollzugs. Hartes Lager, Kostschmälerung, Dunkelarrest, Fesselung, unter Umständen sogar Krummschliefsen: alle diese Schärfungen, die gegenwärtig nur noch als Disziplinarmittel bekannt sind, müssen zum fakultativen Inhalte der Freiheitsstrafe selbst in dem Sinne gemacht werden, dafs der Richter von vornherein auf sie erkennen kann.

Anders liegen die Verhältnisse bei der langzeitigen Freiheitsstrafe. Man kann wohl allgemein behaupten, dafs die über ein gewisses Maximum, etwa sechs Monate, hinausgehende Inhaftierung jeden schreckt, also von jedem als Strafe empfunden wird. Zugegeben, dafs gelegentlich jemand ein schweres Verbrechen begeht, um auf Jahre hinaus oder auf Lebenszeit freie Kost und Logis zu erhalten, so ist doch sicher, dafs Abnormitäten von menschlicher Weisheit ebenso wenig vermieden werden können wie von der Natur, und überdies werden alle hierher zählenden Fälle auf zu milden und darum fehlerhaften Strafvollzug zurückzuführen sein.

Gerade vom Standpunkte der relativen Theorieen aus scheint demnach die langzeitige Freiheitsstrafe um so mehr den Vorzug zu verdienen, als sie dem accessorischen Zweck der Besserung offenbar gröfseren Spielraum gewährt als die kurzzeitige. So gewifs dies zugegeben werden mufs, so gewifs ist es auch, dafs die Mängel der langzeitigen Freiheitsstrafe nicht übersehen werden dürfen. Diese Mängel aber sind folgende:

1. Trifft sie das Familienhaupt, so beraubt sie die Familie ihres Ernährers. Sie äufsert also Reflexwirkungen auf

dritte Personen in einem unerwünschten Maſse, indem sie die Armenverbände belastet und erwerbsunfähige dritte Personen sogar zu Verbrechern macht.

2. Die langzeitige Freiheitsstrafe macht den Sträfling zu einem unbrauchbaren Gliede der menschlichen Gesellschaft.

Ich habe soeben zugegeben, daſs während ihrer Dauer den für die Strafe sehr wünschenswerten Besserungsbestrebungen ein weiter Spielraum bleibt, und ich ziehe natürlich dieses Geständnis nicht zurück. Aber ich muſs es einschränken. Es ist sicher, daſs man im Gefängnis dem Sträfling einen gewissen Fonds moralischer Sätze einprägen kann, aber ebenso sicher ist es, daſs diese Sätze nicht im Kampfe des Lebens errungene, sondern immer nur von auſsen an ihn herangebrachte sind. Sie zu einem Bestandteile des Charakters und damit zu mehr als einem äuſserlichen Firnis machen, den das reale Leben hinwegwischt, sobald es ihn mit rauher Hand berührt, das vermag die Erziehung in der Strafanstalt meiner Überzeugung nach nicht. „Es bildet ein Talent sich in der Stille, sich ein Charakter in dem Strom der Welt". Und zugegeben, daſs eine wirkliche Besserung im ethischen Sinne des Wortes in einer Reihe von Fällen gelingt, so fragt es sich doch immer noch, ob es sich dabei nicht um Ausnahmefälle handelt. Wandelbar ist ja schliesslich auch der anscheinend festeste Charakter, aber diese Wandlung, diese sittliche Wiedergeburt, diese Ablegung des alten Adams ist, wie schon die Alten wuſsten und wie vor allem das Christentum lehrt, die höchste That des Menschen.

Fortior est qui se quam qui fortissima vincit
Moenia, nec virtus altius ire potest.

Auf die Vollbringung der höchsten menschlichen Leistung kann aber ein für Tausende und Abertausende berechnetes Strafensystem niemals eingerichtet werden. Auch die Zucht, die Erziehung zur Arbeit, auf die beispielsweise Lammasch ein besonderes Gewicht legt, vermag nur dann gute Früchte zu zeitigen, wenn nicht das unvermeidliche Übel aller langjährigen Freiheitsstrafen, die Abstumpfung, hinzutritt.

Ich behaupte nun: was die langjährige Freiheitsstrafe auf dem Gebiete der Besserung oder der Zucht mit der einen Hand giebt, das nimmt sie mit der andern wieder weg, jedenfalls dann, wenn sie ein gewisses Maximum übersteigt. Sie stärkt vielleicht das Gefühlsleben, sie lehrt, besonders in der Einzelhaft, den Sträfling in sich blicken, sie erhöht vielleicht auch die theoretische Intelligenz, dagegen schwächt sie das, was ich die praktische Intelligenz nennen möchte. Denn indem sie den Sträfling sorgfältig den Reizen entzieht, die das vielgestaltige Leben bietet, indem sie ihn von der Sorge für Erhaltung und Fortkommen befreit, indem sie ihn mit einem Worte weltfremd macht, schwächt sie seine Energie und seine Widerstandsfähigkeit gegen verbrecherische Reize. Freilich hat die Praxis des Gefängniswesens eine Reihe von Mitteln an der Hand, mit denen sie die Willenskraft zu heben sucht. Prämien für gute Arbeitsleistungen sind gewifs geeignet, in dem erwähnten Sinne auf den Sträfling einzuwirken. Aber die so erweckte Energie sieht doch der des Schulknaben verzweifelt ähnlich, und wer als Schüler in fast geregelten Bahnen die Aufgaben des Lehrers frisch bewältigt hat, weifs sich mit denen des Lebens häufig nur allzuschlecht abzufinden.

Dazu kommt der grofse Altersunterschied beim Eintritt in die Strafanstalt und beim Verlassen derselben. Als Jüngling hinein, als Mann heraus, als Mann hinein, als Greis heraus!

Und wenn wir den Aufenthalt in dem Gefängnis noch sehr dem realen Leben nachzubilden suchen, wenn wir das Progressivsystem nach allen Richtungen hin durchführen, wenn wir den letzten Schritt thun mit der Annahme des Systems von Elmira, so müssen doch alle diese Versuche fehlschlagen, weil sie höchstens ein Puppenheim, aber keine Wirklichkeit schaffen, weil man das Leben vielleicht künstlerisch, aber niemals real nachzubilden vermag.

Auch die Fürsorgevereine für entlassene Sträflinge, so segensreich ihr Wirken ist, können doch immer nur ganz beschränkte Erfolge verzeichnen. Sie finden einen nur selten zu besiegenden Widerstand in dem Mifstrauen des Publikums gegen Sträflinge, besonders gegen solche, die eine langjährige Freiheitsstrafe durchgemacht haben.

Die hier hervorgehobenen Gesichtspunkte treffen nicht

nur bei bestimmten Klassen von Individuen, sie treffen überhaupt bei allen zu. Somit scheint mir die Freiheitsstrafe, sobald sie ein gewisses Maximum übersteigt, schlechthin verwerflich. Die Grenze wird dahin zu bestimmen sein, dafs einerseits die in der Strafanstalt gebotenen erziehenden Einflüsse längere Zeit auf den Sträfling einwirken können, dieser aber andererseits durch die Dauer der Freiheitsentziehung nicht abgestumpft und dem Leben entfremdet wird. Ich glaube nicht fehlzugehen, wenn ich hiernach die Grenze auf etwa fünf Jahre bestimme und somit zu folgendem Satze gelange:

Um die Zahl der Individuen, für welche die Freiheitsstrafe ungeeignet ist, möglichst zu verringern, empfiehlt es sich

a) die Freiheitsstrafe zu beschränken und zwar namentlich durch zweckmäfsigere Ausgestaltung der Geldstrafe;
b) der kurzzeitigen Freiheitsstrafe durch Schärfungsmittel allgemein abschreckende Wirkung zu verleihen;
c) das Maximum der langzeitigen Freiheitsstrafe auf fünf Jahre herabzusetzen.

III.

Es ist klar, dafs ein mit fünfjähriger Freiheitsstrafe abschliefsendes Strafensystem nach oben hin nicht genügt, schon deshalb nicht, weil unser Rechtsbewufstsein für eine ganze Reihe von Verbrechen unbedingt eine schwerere Strafe fordert. Sobald man die Mängel der langjährigen Freiheitsstrafe anerkannt hat, bleibt nichts weiter übrig, als die Ergänzung in der Deportation zu suchen; dies zunächst nicht in dem Sinne, als ob alle Verbrecher, die nach heutigem Rechte mehr als fünfjährige Freiheitsstrafe verwirkt haben, von vornherein zu deportieren wären, sondern in dem andern, dafs die Deportation als Anhang der im Inlande zu verbüfsenden Freiheitsstrafe erscheint.

Ich verkenne die Bedenken, welche der Deportation entgegenstehen, keineswegs, weifs auch die ablehnenden Beschlüsse des Stockholmer Kongresses und der Frankfurter

Versammlung der deutschen Strafanstaltsbeamten wohl zu würdigen. Aber wenn ich die Gutachten und Reden der Gegner überblicke, so kann ich mich des Eindrucks nicht erwehren, dafs die Ablehnung doch im wesentlichen durch das Dogma von der allheilenden Kraft der Freiheitsstrafe beeinflufst worden ist. Abgesehen von der Kostenfrage, die übrigens in der oben erwähnten Broschüre von Bruck eine ganz andere Beleuchtung erhält,[1]) werden folgende Gesichtspunkte gegen die Deportation geltend gemacht:

1. Sie wirke nicht abschreckend. — Es mag ja sein, dafs das Ferne, Unbekannte manchen geradezu reizt, aber ich fordere die Deportation nur als Anhang einer scharfen inländischen Freiheitsstrafe. Zudem wird es immer darauf ankommen, wie man den Deportierten behandelt. Für das Richtigste würde ich es ansehen, wenn der Sträfling nach den Prinzipien des irischen Systems zunächst in einem Arbeitshause zu strengen Frohndiensten angehalten und erst allmählich zur selbstständigen Kolonisation zugelassen würde. Nach Erreichung dieses Stadiums wäre seine Lage so zu gestalten, dafs er wirtschaftlich auf eigne Füfse zu stehen käme und nur aushilfsweise ein unter den Zwangskolonisten zu bildender Armenverband einspränge. So wäre die Befürchtung, den Faulen, Unbändigen, Schlechten unterstützen zu müssen, ein wesentlicher Sporn zur gegenseitigen Kontrole.

2. Schwerer zu beseitigen ist der zweite Einwand, dafs durch die Anhäufung verbrecherischer Elemente die freie Kolonisation gefährdet und die eingeborene Bevölkerung verdorben werde. Er stützt sich namentlich auf die in Australien von England und in Sibirien von Rufsland gemachten Erfahrungen. Indessen ist nicht zu übersehen, dafs die Zahl der von diesen Staaten deportierten Personen eine Höhe erreicht hat und erreicht, die bei Annahme der hier gemachten Vorschläge ausgeschlossen sein dürfte. Nach der Reichskriminalstatistik für das Jahr 1892 sind zu Zuchthausstrafen von fünf und mehr Jahren 1583 Personen verurteilt worden. Nehmen wir an, dafs mehr als

---

[1]) Mehrfache Ausstellungen gegen dessen Berechnungen macht Bennecke in der 15. Generalversammlung des schlesich-posenschen Gefängnisvereins S. 27.

fünf Jahre gegen 1200 Personen ausgesprochen wurden, und dafs von diesen zwei Dritteile überhaupt deportationsfähig sind, so würde sich die jährliche Ziffer der zu deportierenden Sträflinge auf etwa 800 berechnen lassen, nach fünf Jahren also die Höhe 4000 erreicht haben; dies aber nur unter der sehr ungünstigen Voraussetzung, dafs inzwischen keinerlei Abgang stattgefunden hätte. Von da an wird man diesen auf etwa 200 im Jahr setzen dürfen, sodafs der jährliche Zuwachs sich nur noch auf 600 beliefe. Nach höchstens weiteren 20 Jahren wäre dann das Maximum erreicht, da die Abnahme natürlich progressiv steigt, und es wird wohl richtig sein, wenn ich den stationären Maximalbestand auf etwa 20000 Sträflinge berechne.

Berücksichtigt man, dafs die Deportierten sich von verschiedenen weit auseinanderliegenden Zentralstellen über grofse Länderstrecken verbreiten, so erscheint die Zahl nicht sehr erheblich, zumal wenn man weiter bedenkt, dafs ein grofser Teil nicht mehr als gefährlich betrachtet werden darf. Überdies ist mit Sicherheit vorauszusehen, dafs bei schärferem Vollzuge der Freiheitsstrafe die Zahl der zu mehr als 5 Jahren Verurteilten ganz erheblich zurückgehen und die stationäre Ziffer der Deportierten kaum mehr als 12—15000 betragen wird.

3. Der triftigste Einwand wird immer der Frauenfrage entnommen werden, und bekanntlich ist ihre angebliche Unlösbarkeit der Grund, weshalb manche die Deportation, wenigstens in der Form der Kolonisation, für undurchführbar halten. Bruck macht neuerdings folgende Vorschläge:

a) die Sträflinge erhalten das Recht, ihre in der Heimat zurückgebliebenen Familien nachkommen zu lassen; weigert sich die Ehefrau, so gilt die Ehe als gelöst;
b) die Sträflinge können deportierte und ferner
c) solche Frauen heiraten, die sich freiwillig nach dem Ansiedlungsgebiete begeben haben.

Der erste dieser Vorschläge würde den Bestimmungen des französischen Gesetzes vom 25. März 1873 entsprechen, auf Grund dessen die Regierung unter gewissen Voraussetzungen den unentgeltlichen Transport der Familien übernimmt. Auch im übrigen ist eine Anlehnung an die französische Gesetzgebung zu bemerken, insofern nach dieser wenigstens gewissen Klassen der Deportierten die Verheiratung durchaus freisteht.

Wie sich die erwähnten Bestimmungen bewährt haben, darüber kann meines Erachtens nur der ein Urteil abgeben, der die Verhältnisse an Ort und Stelle studiert hat. Nachdem ich eine grofse Anzahl französischer Juristen habe kennen lernen, seitdem ich weifs, dafs unter ihnen ein Geist der Humanität herrscht, den viele in Deutschland längst als übertriebenen Idealismus über Bord geworfen haben, seitdem ich auch die Überzeugung gewonnen habe, dafs sich in Frankreich mit diesem Idealismus des Denkens ein klarer praktischer Verstand vereint, halte ich es für durchaus unzulässig, vom grünen Tisch aus derart über die Deportationsfrage zu Gericht zu sitzen, wie es auf unsern Gefängniskongressen, deutschen wie internationalen, wiederholt geschehen ist. So gern nennen wir uns das Volk der Dichter und Denker, aber mit dem Dichten und Denken ist es in praktischen Fragen nicht gethan, das Sehen und das Hören mufs hinzukommen. Sehr richtig hat dies der Franzose Fernand Desportes auf dem Stockholmer internationalen Gefängniskongrefs mit folgenden Worten hervorgehoben: „Es bedeutet gewifs eine wesentliche Unterstützung einer Ansicht, wenn man sich auf die Zustimmung angesehener Schriftsteller, Gelehrter, Juristen, hervorragender Philosophen, besonders gekrönter Philosophen, berufen kann. Aber es giebt noch eine entschiedenere Autorität, eine Autorität, auf die ich ausschliefslich meine wenigen Bemerkungen gegen die Rede Beltrani-Scalias gründen will: nemlich die Autorität der Erfahrung, die Autorität der Thatsachen."

Auch den angeblich schlechten Erfahrungen der Engländer auf dem Gebiete der Deportation darf nicht ohne weiteres ein ausschlaggebendes Gewicht beigelegt werden. Mir ist es zum mindesten sehr wahrscheinlich, dafs das Aufhören der Deportation durch die Lockerung der Beziehungen zwischen den Kolonieen und dem Mutterland zu erklären ist, wie das auf dem Stockholmer Kongrefs Sir Arney aus Neu-Seeland wenigstens indirekt zugegeben hat.

Endlich wird sich auch die Mortalitätsfrage keineswegs so ungünstig gestalten wie man vielfach behauptet. Von besonderem Interesse sind hier die Mitteilungen Bärs (im Handbuch des Gefängniswesens II. Bd., S. 462), nach denen die Mehrzahl der Strafanstalten des früher so berüchtigten Cayenne in dieser Beziehung denen des Mutterlandes den Rang streitig macht und die Strafanstalten in Neu-Caledonien eine geradezu ungemein niedrige Sterblichkeit aufweisen. Fassen wir die Frage einmal ernstlich ins Auge, so werden sich auch in den deutschen Kolonieen, besonders in dem ost-afrikanischen Gebirgslande, gesunde Plätze finden lassen. Die Aufgabe, um die es sich handelt, mag schwierig sein; es gilt sie sine ira et studio zu lösen, und wenn ich mir erlauben darf, den Männern, die an der Spitze der Holtzendorff-Stiftung stehen, einen Rat zu geben, so geht er dahin, dafs sie einen umsichtigen und praktischen Mann mit den nötigen Mitteln ausstatten möchten, um in den französischen Strafkolonieen Studien zu machen. Meinen dritten Leitsatz aber formuliere ich wie folgt:

> Zur Ergänzung des Strafensystems ist die Deportation für solche Sträflinge ins Auge zu fassen, deren Verbrechen eine härtere Strafe fordert als fünfjährige Freiheitsstrafe.

Hierbei bleibt alles Nähere dahingestellt, insbesondere die Frage nach der Dauer der Deportation, ob sie eine lebenslängliche oder eine zeitige sein soll. Handelt es sich doch vorläufig nicht um die Ausarbeitung, sondern um die Anregung! Auf eines aber möchte ich noch ausdrücklich hinweisen: auf die sühnende Kraft eines selbständigen Lebens in fernen Landen. In welcher Familie gäbe es nicht einen Thunichtgut, der wegen schlechter Streiche nach Amerika geschickt werden mufste? Hat er sich dort emporgerafft, hat er gezeigt, dafs er die Kraft besafs, ein neues Leben zu beginnen, sich seinen Unterhalt selbst zu erwerben, dann ist bei seiner Rückkehr Gras über die Vergangenheit gewachsen. Der entlassene Gefängnissträfling wird überall als verdächtig angesehen, weil niemand weifs wie er sich auf eigenen Füssen halten wird, — der entlassene Deportierte, der sich als Kolonist bewährt hat, hat sich damit zugleich bürgerlich rehabilitiert.[1])

IV.

Von den Verbrechern, welche wegen der Schwere des begangenen Delikts einer gesonderten Behandlung unterliegen müssen, wende ich mich zu denjenigen, die mit Rücksicht auf ihre Person besondere Maſsregeln erfordern. Es handelt sich dabei nicht um Sieche und Gebrechliche — denn diesen kann die Gefängnisverwaltung leicht gerecht werden — sondern um die Unverbesserlichen. Giebt es überhaupt Unverbesserliche? Die Frage gehört bekanntlich zu den allerbestrittensten und hat auf dem Gefängnis-Kongreſs in Petersburg eine sehr eingehende Behandlung erfahren. Abgesehen von den dort erstatteten Referaten, abgesehen auch von den Leistungen der positiven Schule Italiens besitzen wir eine Reihe wertvoller sonstiger Aeuſserungen, unter denen ich das Gutachten v. Lilienthals für die internationale kriminalistische Vereinigung (im II. Bande S. 64 ff. ihrer Mitteilungen) und Sackers Studie über den Rückfall (i. d. Abhandlungen des kriminalistischen Seminars in Halle) hervorheben möchte.

Um in der Frage klar zu sehen, ist zunächst die Beseitigung eines Miſsverständnisses erforderlich, daſs sich mit dem deutschen Ausdruck „unverbesserlich" sehr leicht verbindet. Es handelt sich nemlich nicht allein darum, ob es

---

[1]) Neuerdings hat Bruck in seiner Broschüre „Fort mit den Zuchthäusern" die Deportation warm empfohlen und zugleich positive Vorschläge für ihre nähere Ausgestaltung unter Bezeichnung geeigneter Plätze gemacht. Ich glaube, durch das im Text Gesagte meine Stellung gegenüber Bruck hinreichend präzisiert zu haben. Abgesehen davon, daſs ich die Deportation nur als Anhang an eine im Inlande verbüsste Freiheitsstrafe ins Auge fasse, meine ich, es handle sich vorläufig nicht um eine unbedingte Empfehlung, sondern nur darum, den alten prinzipiell ablehnenden Standpunkt aufzugeben und so eine unbefangene Prüfung der Frage zu ermöglichen. — Die gleiche Stellung nehme ich ein zu der Frage der innern Kolonisation durch Sträflinge, für die sich vor kurzem besonders Pastor Braune in Görlitz auf der 15. Generalversammlung des Gefängnis-Vereins für Schlesien und Posen ausgesprochen hat. Vielleicht wäre es speziell für Preuſsen möglich, auf diesem Wege in den polnischen Landesteilen vorzugehen. Auch sonst wird die innere Kolonisation für die nicht deportationsfähigen Sträflinge zu empfehlen sein.

Menschen giebt die nicht „gebessert“ d. h. sittlichen Motiven zugänglich gemacht werden können, sondern darum, ob es Menschen giebt, bei denen überhaupt kein durch die Strafe dargebotenes Motiv eine Stätte hat. Wer keiner sittlichen Vorstellung fähig ist, aber aus Furcht vor der Strafe das Verbrechen meidet, gehört nicht zu den Unverbesserlichen. Trotz des Mangels ethischer Motive hat ihn die bei der ersten Strafe bewirkte Abschreckung unter die Zahl der im sozialen Sinne Besserungsfähigen eingereiht. — Um das gerügte Mifsverständnis, das mir z. B. die 1890 in Düsseldorf gepflogenen Verhandlungen der rheinisch-westfälischen Gefängnisgesellschaft zu beherrschen scheint, ein für allemal auszuschliefsen, bediene ich mich im Anschlufs an die französische Terminologie des Ausdrucks „inkorrigibel“, nicht als ob ich an dem Fremdwort einen besondern Gefallen hätte, sondern deshalb, weil seine Etymologie zu keinen falschen Deutungen verleitet.

Es ist nun klar, dafs zwischen den Begriffen der Inkorrigibilität und des Rückfalls eine nahe Verwandtschaft besteht. Gleichwohl sind sie bei weitem keinen Synonyma. Ihr Verhältnis läfst sich vielmehr dahin bestimmen, dafs die Rückfälligkeit ein Erkenntnismittel für die Inkorrigibilität ist, dafs m. a. W. aus der Rückfälligkeit ein Schlufs auf die Inkorrigibilität gezogen werden kann. Aber keineswegs ist dieser Schlufs immer gerechtfertigt, denn es kann

1. sein, dafs nicht alle verfügbaren Einflüsse der Strafe auf den Rückfälligen eingewirkt haben, oder dafs
2. der Anreiz zum Verbrechen ein besonders grofser war und auch einen normal denkenden und fühlenden Menschen überwältigt hätte.

Wer die Freiheitstrafe nicht als ein Leid empfunden hat, sondern vielleicht nur ihren erziehenden Einflüssen ausgesetzt war, auf den hat sie noch nicht voll und ganz gewirkt. Er darf bei wiederholtem Delinquieren vielleicht als Rückfälliger, aber noch lange nicht als Inkorrigibler behandelt werden. Und wer auf eine tötliche Beleidigung mit einem Schlage reagiert, der gehört selbst dann nicht zu den Inkorrigibeln, wenn er schon vorher wegen Körperverletzung bestraft wurde. Als inkorrigibel werden wir vielmehr einen Menschen nur dann bezeichnen dürfen, wenn in keiner der hervorgehobenen Richtungen ein Bedenken obwaltet, und daher sage ich:

> Auf die Inkorrigibilität kann von der Rückfälligkeit dann geschlossen werden, wenn alle zu Gebote stehenden Einflüsse der Strafe auf den Verbrecher eingewirkt haben und dieser gleichwohl ohne abnorme Veranlassung rückfällig wird.

Freilich beruht der Schlufs unter allen Umständen auf einer Präsumtion. Er ist nicht nur abhängig von der Schwäche des menschlichen Erkenntnisvermögens, sondern auch von der Grenze des menschlichen Erfindungsvermögens. Denn es bleibt ja immer noch denkbar, dafs eine besonders geartete, nur noch nicht erdachte Strafe wirksam wäre. Ebensowenig aber wie sich der vor zwanzig Jahren Operierte darüber beklagen kann, dafs die antiseptische Methode bei ihm nicht angewandt wurde, kann sich der Verbrecher beschweren, wenn wir ihn nach dem Rezepte behandeln, das gerade uns zur Verfügung steht.

Haben wir aber einmal den Schlufs auf Inkorrigibilität gezogen, so ist es klar, dafs wir mit Mafsregeln vorgehen müssen, die aufserhalb der erlittenen Strafe liegen. Eine Strafe wieder verhängen, deren Nutzlosigkeit wir selbst anerkannten, hiefse ja den Standpunkt aufgeben, den wir im Augenblicke vorher eingenommen haben. Wie immer wir uns die Mafsregeln gegen Inkorrigible zu denken haben, sicher ist, dafs sie sich durch abnorme Strenge auszeichnen und den Charakter eines Schutzes für die Gesellschaft tragen müssen. Hier entsteht nun sofort die Frage: sollen wir diese Mafsregeln gegen alle Inkorrigibeln anwenden? — Die Vereinung ist sicher.

Denn es ist gewifs, dafs jemand in einzelnen Beziehungen inkorrigibel, im übrigen aber ein durchaus brauchbarer Mensch sein kann. Ich kenne eine ganze Reihe von Leuten, die gegebenenfalls trotz wiederholt erlittener Strafe sich Holz aus dem Walde holen, fremdes Gras abmähen u. dgl., sonst aber die bravsten Arbeiter, ja die zuverläfsigsten

Menschen sind, denen ich beispielsweise als Boten eine noch so grofse Geldsumme unbedenklich anvertrauen würde. Solche Leute durch eine abnorm hohe Strafe aufserhalb der menschlichen Gesellschaft stellen, hiefse diese vortrefflicher Kräfte berauben. Ja, wie viele der angesehensten Männer sind nicht inkorrigibel?! Haben sie auch noch so viele Strafen wegen Zweikampfs erlitten, gegebenenfalls schlagen sie sich doch wieder. — Somit gelange ich zu folgendem Ergebnis:

> Aufserordentliche Mafsregeln sind nur gegen gemeingefährliche Inkorrigible, d. h. gegen diejenigen zulässig, deren Treiben einen den Frieden der bürgerlichen Gesellschaft gefährdenden Charakter angenommen hat.

Hiermit glaube ich mich in wesentlicher Übereinstimmung mit Sichart und v. Lilienthal. Nur möchte ich nicht, wie es der Letztere thut, alles auf die Berufs- oder Gewerbsmäfsigkeit abstellen. Es giebt zwar gewerbsmäfsige Diebe und Hehler, aber keine gewerbsmäfsigen Messerhelden, wohl aber giebt es Messerhelden, die durch ihr Treiben den Frieden ganzer Dörfer und Kreise stören.

Indem ich mich nunmehr den Mafsregeln zuwende, die ich gegen die gemeingefährlichen Inkorrigibeln vorschlagen möchte, scheint es mir erforderlich zu unterscheiden:

1. Es giebt Inkorrigible in Folge krankhafter geistiger Abnormitäten. Sie gehören m. E. nicht vor das Forum des Richters, sondern vor das des Arztes. Ich lasse sie daher ganz bei Seite. Es war ein Fehler, dafs man sie überhaupt jemals rechtlich verantwortlich gemacht hat, und dieser Fehler des Richters mufs durch den Arzt ausgeglichen werden.

2. Es giebt Inkorrigible, deren Inkorrigibilität durch unsere sozialen Verhältnisse mitbedingt wird. Die Existenz dieser Klasse, bei der ich von „relativer Inkorrigibilität" sprechen möchte, kann nicht wohl geleugnet werden. Sie rekrutiert sich zum grofsen Teil aus bessern Kreisen. Ein junger Mensch aus guter Familie mit leidlicher Schulbildung wandert wegen eines halb naiv begangenen Delikts, etwa eines kleinen Diebstahls oder einer strafbaren Unzuchtshandlung, in das Gefängnis. Nach seiner

Entlassung wird er von seiner Familie nicht mehr aufgenommen. Eine seiner Vergangenheit entsprechende Stellung vermag er nicht zu finden. Jede Stelle anzunehmen verbieten ihm seine Traditionen, diese fragwürdige Eigentümlichkeit der alten Welt. Nachdem er sich eine Zeit lang vergebens bemüht hat, sinkt er von Stufe zu Stufe, um endlich wieder Halt beim Verbrechen zu machen. Darauf folgt eine neue Freiheitsstrafe, und nun beginnt das alte Lied von neuem, nur unter wesentlich schwierigeren Verhältnissen, aber mit dem gleichen Schlufsakkord wie zuvor. — Gelänge es, einen solchen Menschen nach seiner Entlassung in einen festen Pflichtenkreis zu bannen, so wäre seine Rettung möglich. Vielleicht erreicht ein Fürsorgeverein für entlassene Sträflinge dieses Ziel, die Wahrscheinlichkeit aber spricht dagegen. — Zu der gleichen Klasse rechne ich einen Teil der Landstreicher. Häufig ist bei ihnen der Wunsch nach Arbeit vorhanden, aber keine zu erreichen, häufig lockt eine romantische Abenteuerlust, in der grofsen Mehrzahl der Fälle aber wäre wiederum bei Anweisung einer bestimmten Thätigkeit ein ganz brauchbares Glied der menschlichen Gesellschaft zu erzielen. Das Arbeitshaus ist vielleicht für eine Zeit lang ein sehr geeigneter Aufenthaltsort. Wie aber wird es nach der Entlassung? Der Inhaftierte, der vielleicht unter strenger Aufsicht gearbeitet hat, weil er arbeiten mufste, der vielleicht auch Lust und Liebe zur Arbeit gezeigt hat, weil sie ihm dargeboten wurde, der steht, wenn er sich die Gelegenheit zur Arbeit erst suchen soll, ebenso ratlos da wie vorher.

In allen hierher gehörigen Fällen scheint mir die Frage der Deportation einer eingehenden Erwägung würdig. Gewiss wollen wir unsere Kolonieen nicht mit lüderlichem Gesindel verderben, es ist aber kein Grund ersichtlich, weshalb wir nicht unsere Kolonieen mit Leuten bevölkern sollten, denen nur die dortigen Lebensbedingungen die Möglichkeit einer sozialen Existenz eröffnen.

3. Die dritte Klasse der Inkorrigibeln umfafst diejenigen, welche nach menschlichem Ermessen nicht nur für unsere, sondern überhaupt für alle Verhältnisse unbrauchbar sind. Ich nenne sie die „absolut Inkorrigibeln". Gegen das in einem bewufsten Gegen-

satze zur Rechtsordnung stehende internationale Gaunertum, gegen die zu keiner Arbeit gewillten Zuhälter, gegen alle die, bei welchen der penchant au crime zu einem festen Bestandteil des Charakters ausgewachsen ist, bleibt nichts übrig als Unschädlichmachung.

Wie viele hat dieses Wort verletzt, und doch wie alt ist die Sache!

Die Carolina bedroht im Art. 162 den dritten Diebstahl mit dem Tode, von neueren deutschen Strafgesetzbüchern liefsen beispielsweise das württembergische vom 1. März 1839, Art. 127 und das hannoversche vom 8. Aug. 1840, Art. 115 bei Rückfall ganz allgemein, wenn auch nur unter gewissen Voraussetzungen, lebenslängliche Freiheitsstrafe zu. Was war das anders als Unschädlichmachung? Mag, um einen gelegentlich von Liszt gebrauchten Ausdruck zu wiederholen, die Etikette so oder anders lauten, nicht auf sie, sondern auf den Wein kommt es an. Auch der entschiedenste Anhänger der absoluten Theorieen wird anerkennen müssen, dafs die Verschuldung mit der wiederholten Begehung des Verbrechens wächst und dafs das einzelne Verbrechen nicht in seiner Isoliertheit, sondern im Zusammenhang mit andern zu betrachten ist!

Meines Erachtens verdienen die Bestimmungen des von Stoofs ausgearbeiteten schweizerischen Entwurfs (Art. 41) in der angedeuteten Richtung die gröfste Beachtung. Wenn jemand mindestens zehn Freiheitsstrafen wegen Verbrechen gegen Leib und Leben, gegen das Vermögen, gegen Treu und Glauben, gegen die geschlechtliche Sittlichkeit und Freiheit oder wegen gemeingefährlicher Verbrechen erstanden hat und innerhalb dreier Jahre nach Erstehung der letzten Freiheitsstrafe neuerdings eines dieser Verbrechen begeht, so soll ihn das Gericht zu der gesetzlichen Strafe verurteilen. Ist es aber überzeugt, dafs der Verurteilte nach Erstehung der Strafe aufs neue rückfällig werde, so soll es befugt sein, bei einer bestimmten eidgenössischen Behörde die Verwahrung zu beantragen. Diese Behörde hat eine genaue Prüfung der Verhältnisse des Beschuldigten in der Richtung seines Vorlebens, seiner Erziehung, seiner Familienverhältnisse u. s. w. anzustellen. Die Anordnung der Verwahrung erfolgt auf 10 bis 20 Jahre, jedoch kann unter gewissen Voraussetzungen die Entlassung schon nach 5 Jahren eintreten.

Die Verwahrung erscheint hiernach nicht als Strafe — zumal da sie diese eventuell absorbieren soll — sondern als Verwaltungsmafsregel, deren Zulässigkeit ebenso wie die unserer Polizeiaufsicht und Nachhaft von gerichtlicher Autorisierung abhängig ist. Man kann darüber streiten, ob eine Regelung der Sache gerade in dieser Art angezeigt ist, ebenso darüber, ob die Verwahrung nicht von der Vorbegehung schwererer Delikte abhängig gemacht, ferner ob sie nicht richtiger als lebenslängliche angeordnet werden soll. Das Letztere würde ich um so entschiedener für richtig halten, als die Verwahrung sonst thatsächlich auf die abzulehnende langjährige Freiheitsstrafe hinauskäme. Trotz dieser und vielleicht noch weiterer Bedenken bleibt die Vorschrift im ganzen deshalb von grofser Bedeutung, weil sie anerkennt, dafs gegenüber gewissen Verbrechern die Vergeltungsstrafe sich in eine Schutzmafsregel verwandeln mufs.[1])

[1]) Gegen des Institut der Verwahrung Thurneysen in der Ztschr. f. Schweizer Strafrecht, VI. Jahrg., S. 369 ff. dafür Merkel im VII. Jahrg. derselben Ztschr. S. 1 ff., von Lilienthal i. d. Ztschr. f. d. gesammte Strafrechtswissenschaft, Bd. XV, S. 115 ff., dagegen wieder neuerdings Richard Schmidt, Die Aufgaben der Strafrechtspflege, S. 275 ff. — Der letztere Schriftsteller begründet den Vergeltungsgedanken dadurch, dafs er auf das Bedürfnis nach Reaktion gegen das Verbrechen zum Zwecke der Selbsterhaltung der staatlichen Persönlichkeit hinweist. Ebenso wie der Einzelne könne auch der Staat nur durch Reaktion gegen angethane Unbill sich und seinem Willen die allgemeine Achtung erhalten. Das Mafs der Reaktion aber sei nur durch das Mafs der Unbill d. h. durch die soziale Bedeutung des Verbrechens zu bestimmen, weil sonst das allgemeine Mitleid mit dem Verbrecher als Gegenmotiv auftrete. „Vergeltung einerseits, Sicherung der Gesellschaft vor dem Verbrechen andrerseits sind praktisch unvereinbare Ziele" (S. 122). — Die von Schmidt gegebene rein empirische Rechtfertigung des Vergeltungsgedankens sehe ich als eine hervorragende Leistung an. Ebenso wie er halte auch ich daran fest, dafs das Strafmafs grundsätzlich die soziale Wertschätzung des Verbrechens zum Ausdruck bringen mufs. Was ich aber nicht einzusehen vermag, ist die von Schmidt vertretene Exklusivität des Vergeltungsgedankens. Gerade der von ihm selbst eingeschlagene Weg empirischer Erforschung sozialer Verhältnisse und Erscheinungen führt zu der Erkenntnis, dafs von einem gewissen Punkte ab die Reaktion gegen antisoziales Verhalten andere Formen annehmen mufs als sie in der Vergeltungsstrafe gegeben sind.

Somit sind meine Ergebnisse in Betreff der Inkorrigibeln folgende:

ärztliche Behandlung bei Inkorrigibilität zufolge krankhafter geistiger Anomalieen;
bei relativ Inkorrigibeln Prüfung der Deportation in dem gleichen Sinne wie oben unter III:
lebenslängliche Verwahrung der absolut Inkorrigibeln.

Ich eile zum Schlusse. Man vermifst vielleicht das Eingehen auf zwei gerade in der neuern Zeit wiederholt gemachte Vorschläge: auf die unbestimmte Verurteilung, d. h. die Verurteilung zu unbestimmter, erst während des Strafvollzugs näher zu fixierender Zeit, und auf die Prügelstrafe.

Gegen die erste Mafsregel erkläre ich mich mit aller mir zu Gebote stehenden Entschiedenheit, einmal deshalb weil sie den Gefängnisbeamten eine Macht in die Hände giebt, die nach unserer staatsrechtlichen Entwicklung lediglich dem Richter gebührt, sodann deshalb weil es nur ganz ausnahmsweise im Gefängnis möglich sein wird, die Frage der Besserung oder Erziehung zu entscheiden. Wer das prinzipiell und allgemein für möglich hält, begeht meines Erachtens denselben Fehler wie der Zoologe, der aus dem Verhalten des Tigers im Käfig auf sein Leben in der Freiheit schliefsen will.

Eher wäre ich schon für die Prügelstrafe zu gewinnen, wenigstens habe ich bei gewissen konkreten Fällen die gröfste Neigung zu sagen: hier wären Prügel das Beste. Gleichwohl kann ich mich nicht entschliefsen, meine alte Opposition gegen dieses Strafmittel aufzugeben, weil ich es für

— Denken wir uns (um ein Beispiel herauszugreifen, das keinem von uns allzufern liegt) eine studentische Korporation. Ein Mitglied derselben verstöfst gegen den allgemeinen Komment oder auch gegen die speziellen Grundsätze der Verbindung. Beim ersten, beim zweiten, vielleicht auch noch beim dritten Falle wird diese ihre Stellung nach innen wie nach aufsen hin durch Verweis, Geldstrafe, zeitweilige Dimission wahren können. Begnügt sie sich aber auch gegenüber weiteren Verstöfsen mit derartigen Mafsregeln, so wird ihre Stellung nach allen Richtungen hin gefährdet. Was ihr allein helfen kann, ist die Strafe der perpetuellen Dimission, der Ausstofsung aus der Gemeinschaft. — Überall, wo der Rückfall als Strafschärfungsgrund anerkannt ist, wird die Exklusivität des Vergeltungsgedankens verworfen.

unmöglich halte, sein Anwendungsgebiet scharf zu begrenzen, und weil es meiner Überzeugung nach unbedingt zur Standesstrafe führt. Man wird sich wohl entschliefsen können, den Sohn des Bauers, meinetwegen auch den des Handwerkers oder kleinen Krämers prügeln zu lassen, wie aber wird man es mit dem Sprösling des Oberförsters oder Pfarrers halten? Da helfen alle Phrasen von der Gleichheit vor dem Gesetze nichts! Solange man sich nicht entschliefst, die Prügelstrafe bei gewissen Delikten als einzige Strafe anzudrohen — und welches sollten die Delikte sein? — wird sie entweder eine papierne Existenz führen oder aber mit Rücksicht auf gesellschaftliche Verhältnisse hier ausgesprochen, dort vermieden werden. Unsere Zeit mit ihren überreizten Nerven und ihrem überspannten Ehrgefühl, das den sitzengebliebenen Gymnasiasten zur Pistole greifen läfst, ist nicht dazu angethan, um eine Strafe, die nach allgemeinem Urteil entehrend wirkt, aus der Rumpelkammer hervorzuholen. Auch das dürfen wir uns nicht verhehlen, dafs jeder Mifsgriff des Gerichts Wasser auf die Mühle derer wäre, die lieber heute als morgen mit unserer Gesellschaftsordnung aufräumen möchten. Gestalten wir aber die Freiheitsstrafe so aus, dafs sie zu einem mit Hunger, Dunkelarrest und Ketten verbundenen Leiden wird, geben wir das Dogma von der allein seligmachenden langzeitigen Freiheitsstrafe auf: dann bin ich überzeugt, dafs kein Anlafs vorhanden ist, auf die Prügelstrafe zurückzugreifen.

Und schliefslich noch eins: seien wir trotz der steigenden Rückfallsziffer nicht zu pessimistisch! Die Zeit, in der wir leben, ist grofs. Mächtige Gedanken streben empor, der Kampf des Alten und Neuen bewegt sich in grandiosen Formen. Eine solche Zeit mufs auch grofse Verbrechen erzeugen, sie mufs dem Verbrechen viele von denen in die Arme treiben, die ihren alten Gott verloren und keinen neuen gefunden haben. Beruhigen sich die empörten Wogen, dann wird sich auch die Zahl der Verbrecher und die der Rückfälligen im besonderen vermindern. Wir Kriminalisten sollen nicht müfsig warten, bis diese Zeit gekommen ist, aber wir sollen uns hüten, auf Grund dürrer Zahlen zu verzweifelten Kampfmitteln zu greifen.

FSC
www.fsc.org
MIX
Papier | Fördert gute Waldnutzung
FSC® C083411

Kolibri 360 GmbH
Ferdinand-Jühlke-Straße 7
99095 Erfurt, Deutschland
produktsicherheit@kolibri360.de